Josef
Reding

Asphalt-
gebete

echter

dieses buch wurde von der
kulturstiftung dortmund
gefördert

Inhalt

lieder der jungen gemeinde

kinder bitten

herr brockstiepel

Leben und Werk

Josef Reding wurde am 20. März 1929 in Castrop-Rauxel geboren. Er geriet noch als Sechzehnjähriger in den Kriegseinsatz. Nach dem Abitur arbeitete er zwei Jahre lang als Betonwerker. Dann studierte er Kunstgeschichte, Psychologie, Germanistik und Anglistik an deutschen und amerikanischen Universitäten. In den USA gehörte er zur Bürgerrechtsbewegung von Martin Luther King und lebte in den Slums von Harlem und New Orleans. Ein Jahr im Grenzdurchgangslager Friedland, wo er 1955/56 Aussiedlern, Flüchtlingen und heimkehrenden Kriegsgefangenen half. Drei Jahre lang vermittelte Josef Reding authentische Fernsehfilme aus den Lepra- und Elendsgebieten Asiens, Afrikas und Lateinamerikas. Bis heute ausgedehnte Vortrags- und Lesereisen in der Bundesrepublik und im Ausland.
Von Josef Reding wurden mehr als 30 Bücher veröffentlicht, u. a. „Nennt mich nicht Nigger“, „Friedland – Chronik der großen Heimkehr“, „Schonzeit für Pappkameraden“, „Gold, Rauhreif und Möhren“, „Friedensstifter – Friedensboten“, „Ein Scharfmacher kommt“, „Kein Platz in kostbaren Krippen“, „Das Josef-Reding-Lesebuch“ und die Kinderbücher „Gutentagtexte“ sowie „Tiere sprechen dich an“.
Josef Reding wurde ausgezeichnet mit dem Rom-Preis Villa Massimo, dem Annette-von-Droste-Hülshoff-Preis, dem Kogge-Literaturpreis, dem Preis für die beste deutsche Kurzgeschichte, dem Literaturpreis Ruhrgebiet, dem Ehrenring der Stadt Dortmund, dem „Eisernen Reinoldus“ und der Ehrung „Bürger des Ruhrgebiets“.

Vorwort

Am Anfang: Korrigierte Kriegslieder
Bei den Texten dieses Bandes handelt es sich um meine kürzesten Kommentare zur Zeit.
Die Einübung zu diesem stenogrammartigen Festhalten von Eindrücken begann früh. Ich war als sechzehnjähriger Panzerfaustpimpf in den Alpen in amerikanische Kriegsgefangenschaft gekommen. Die plötzliche Muße erwies sich als Chance. Ich hatte Zeit zum Nachdenken.
Nachdenken konnte ich jetzt zum Beispiel über die Kriegslieder, die man mir im „Dritten Reich" vom Kindergarten bis zu den „Wehrertüchtigungslagern" beigebracht hatte. Diese für den Gleichschritt zugeschnittenen Drauf-und-dran-Gesänge verklärten den Krieg. In ihnen wurde nicht die Wahrheit gesagt über die Schrecken des Krieges, über Zerstörungen, über seine blutigen Opfer.
Ich wollte die Diskrepanz zwischen den Kriegsliedern und der erlebten Kriegswirklichkeit ausdrücken. Im Lager gab es einen Stapel leerer Zementtüten. Ich schnitt mir daraus Blätter zurecht und heftete sie mit einem Wollfaden.
Auf das Titelblatt schrieb ich: „Korrigierte Kriegslieder".
Und dann stellte ich die originalen Fassungen der Militärlieder meinen veränderten Versionen gegenüber.
Ein Urtext hieß: Wenn die Soldaten durch die Stadt marschieren / öffnen die Mädchen Fenster und Türen / Ei warum? / Ei warum? / Ei darum / Ei nur wegen dem Schinderassa schinderassa bumm!
Meine Korrektur:
Wenn die Soldaten durch die Stadt marschieren / schließet ihr Mädchen Fenster und Türen / Ei warum? / Ei darum / Die Stadt, die wird bald nicht mehr stehn / und statt Soldaten sind zu sehn / Krüp-

pel, die zum Betteln gehn / Ei nur wegen dem Schinderassa schinderassa bumm!
Wenn die Soldaten durch die Stadt marschieren / schließet ihr Mädchen Fenster und Türen / Ei warum? / Ei darum / Die Augen habt ihr bald nicht mehr / die Strahlung brannte sie zu sehr / und stach euch Bauch und Wiege leer / Ei nur wegen dem Schinderassa schinderassa bumm!
Diese Übung, Zeitereignisse mit Sekundentexten zu kommentieren, habe ich bis heute beibehalten. Vor allem dann, wenn ich in einer Situation unmittelbar herausgefordert wurde, blieben mir nur diese Kürzel als Stellungnahme. Auch ließ mir die Arbeit in der Dritten Welt, wie wir sie nennen, oder in der Bürgerrechtsbewegung in den USA kaum Zeit zu ausführlichen Skripten.
Bei „asphaltgebeten" handelt es sich um Stenogramme. Sie sind entsprechend thematisch und formal vielfältig. Der Bogen reicht von meiner heimatlichen Ruhrgebiets-Umwelt („kumpelkanzonen") bis zu Impressionen aus anderen Gebieten und Ländern („menschen, landschaften, bauwerke"). Die Arbeiten geben auch meine Erfahrungen mit heutiger junger Kirche weiter, die vor allem ihren Protest herauszusingen gelernt hat; alle Texte des Rubrums „lieder der jungen gemeinde" sind von Ludger Edelkötter, Reinhard Horn, Rainer Glen Buschmann, Friederich Grünke und Chris Herbring vertont. Andere Gedankensplitter gelten den Inhabern ichbezogener Standorte („herr brockstiepel") und Zündstoffen der Gegenwart („reizworte"). Auch sind „kinder bitten" wichtig.
Am Anfang dieser Sammlung stehen die „asphaltgebete". Ich mag den Asphalt. Er stellt für mich immerhin ein begehbares Gelände zwischen den Menschen dar.

Josef Reding

asphaltgebete

ein hallelujah dem asphalt

ein hallelujah
dem asphalt.
dem vielgeschmähten,
dem dreimal
verfluchten und
zugenähten,
dem oft
beleidigten und –
im gegensatz zur
scholle, wenn sie
kein fisch war –
selten verteidigten;
ein hallelujah
dem asphalt.

asphalt:
erdpech,
schwarze masse
aus bitumen und
mineralstoffen,
wasserabstoßend,
widersteht alkalien.
als schmelzbares
vorkommen am
toten meer,
als asphaltsee
auf trinidad,
als asphaltgestein
im val de travers,
als asphaltmastix
im straßenbau.

ein hallelujah
dem asphalt.
brief, gast,
brot, bier
kommen auf asphalt
zu dir.
drum auch hochachtung
und amen
all denen,
die vom asphalt
den namen
bekamen:
die asphaltierer
aller staaten
und
die
asphaltliteraten.

für den kautschukzapfer jaime

jaime
starb mit
vierunddreißig
machete in der
faust auf
den plantagen
von
dom gaspar
an auszehrung.
ich werde
dom gaspar
überall und
sein ganzes
auskömmliches
leben lang
befragen
warum
jaime
mit
neun zehnteln
seiner
kraft für
dom gaspar
arbeiten mußte
und nur
ein zehntel
seines lebens
für sich
und seine fünf
kinder
haben durfte.
ich werde
dom gaspar

nicht in
ruhe lassen.
das ist
mein gebet
für
jaime.

konkretes beten öffentlich

ich gehe jetzt
beten
sagt der junge.
beten für wen?
fragt der vater.
für die
bedrängten
sagt der junge
und trägt über
die hauptstraße
ein transparent
„gegen den miet-
wucher des größten
steuerzahlers
der stadt".
minuten später
muß der junge
seinen kopf
gegen
schlagstockhiebe
schützen;
konkretes beten
öffentlich
gegen
örtliches
honoriges
ist der
obrigkeit
ein
ärgernis.

anrufung seiner langmut

mit unserem
dreck
verschütten wir
die stadt
und machen
sie krank
mit unserem
gift
und auf
den haßfeldern
der kriege
machen und
sammeln
wir stapel
von leichen
und beim dreckmachen
und beim giftmachen
und beim leichenmachen
heben wir manchmal
den kopf
und sagen:
also hat gott
die welt gemacht!
und halten uns
für feinsinnige
spötter.
deine langmut
dauert an
und ist
schwer verständlich.
aber was wird
mit uns
wenn du den

ball wieder
nimmst
mit dem
wir so mies
gespielt
haben?

möglich…

möglich nach
deinem
vorbild
aussätzige berühren
ihre wunden heilen
den hungernden
das brot
mehren.
wirklich:
wir berühren
und heilen
die lackwunden
unserer
autos
und mehren unsere
banknoten
bis in unsere
kleine
ewigkeit.
ohne
amen.

stoßgebet

sich vor dem
einschlafen
in die rippen
stoßen
du warst heute
widerlich
lächerlich
hast dich
fünfeinhalbmal
vornhin
gestellt wie
ein buffo
hast angegeben
wie die
bundesanstalt
für arbeitsvermittlung
bei vollbeschäftigung
hast einen
kollegen der nicht da
war
herunter gemacht
und hast den mund
gehalten als
ein rudel rief:
wer deutsches
land verschenkt
wird aufgehängt!
– sich in die
rippen stoßen
nicht
nur
vor dem
einschlafen.

skizze zu einem abendgebet

herr,
wie kann ich
dir
danken
für den
großen
erfolg, mit
dem es mir
heute
wieder
gelungen ist,
mich an
dir
vorbeizudrücken.

wie immer wir
guido merengo nennen

zum betonmischer
guido merengo
gehen
und deinen
aufschnitt
und sein brot
mit ihm teilen
und das gespräch
über die
sendung
cordialmente
d'all italia
gestern abend
und ihm sagen
daß deine Kinder
bertram gisela bernd
seine Kinder
beatrice angelo massimo
zum spielen einladen
und daß deine
familie
seine familie
zum leben einlädt
dann erst
beten
für gastarbeiter
oder wie immer
wir guido merengo
und andere
mitmenschen
nennen.

einfach lehm nehmen

einfach lehm nehmen
oder holz
oder stein
und daraus etwas machen:
eine figur von einem
menschen
zum beispiel
oder einen menschen
zum beispiel.
wenn es gelingt
ist die schöpfung
vermehrt,
weil man lehm genommen
hat oder holz
oder stein
und etwas daraus
gemacht hat
zum beispiel.

frage an die christen zu beginn des 3. jahrtausends

wollen wir unser gezänk
um gott andauern lassen
auch in der kommenden
zeit?
wollen wir weiter im
namen des einen
jesus christus
zwei verschiedene
häuser gegeneinander
bauen?
wenn wir in unserem
rechteckigen blickfeld
sehen, wie hekatomben
von menschen
täglich hungers
sterben,
gibt es dann noch
etwas darüber zu
reden,
ob frauen auch vom
altar aus zur gemeinde
sprechen dürfen?
wenn wir unser bißchen
glaubenskraft verbrauchen
mit trennender theologischer
tüftelei,
dann stehen wir
mit leeren händen,
mit welken seelen
im tagwerk
des dritten
Jahrtausends.

stoßgebet eines synodalen
im würzburger kiliansdom

herr,
sie haben stapelweise
papier zwischen dich und mich
geschoben.
ich habe angst,
dich bald nicht mehr zu
sehen.
ob ein funke
deines geistes
das papier
hinwegbrennt
und dich über dem
haufen aus
gekrümmtem grau
wieder
sichtbar
macht?

gloria dei, stahlplastik

bersten
einer anderen fülle,
konturen unvermögend,
grenzen ungültig
und zum
spottpreis
verschleudert.
dafür:
ahnung vom
sperma
des universums.

profane litanei

vor einer ladung zum verhör,
vor lagern ohne wiederkehr,
vor pistolen im nacken,
vor einer aufsicht beim hacken,
vor hitlers, stalins wiederkehr:
da bewahre uns, o herr!

vor briefzensur, inquisition,
vor fronarbeit um gottes lohn,
vor des staates folterkammern,
vor der aktionäre jammern,
vor lynchjustiz und bürgerwehr:
da bewahre uns, o herr!

vor brotverderb und inflation,
vor rauschgiften aus blauem mohn,
vor fernsehwerbung, attentaten,
vor allzu großen zahlungsraten,
vor unserem ruf nach „immer mehr!“:
da bewahre uns, o herr!

der mündige christ

ein schlagwort?
ein wort zum schlagen?
ein wort zum zurückschlagen
gegen alles, was unmündig
machte und unmündig hielt?
was kann das sein:
ein mündiger christ?
es kann sein
einer,
der nicht nur ohren
hat zu horchen, zu gehorchen,
sondern auch einen mund hat
zum sprechen,
zum mitsprechen,
zum widersprechen
und hände hat
zu tun
im namen dessen, der die
menschheit gegen den willen
der herrschenden mündig machte
und dem man dafür ein
irdisches leben nahm – auf zeit!
seither kann der mündige christ
keine sache der ämter mehr sein,
auch nicht der
kirchenämter.

dringende erkundigung

herr,
ich habe
die joints
in mein
hirn genommen,
um in seine
selbstgeschaffene
violett
überflimmerte
wüste zu
gelangen
und ihn von
dort
zurückzuholen.
jetzt aber
finde ich
den weg
nicht
mehr.
zeig ihn
uns.

reizworte

chor der getreide-grossisten auf die nachricht von der wunderbaren brotvermehrung

werft gift ins korn!
der brotpreis sinkt.
getreide türmt sich zu gebirgen.
bald gibt es brot für jedermann
auch in den ländern nebenan
auch in den ländern hintendran.
der brotpreis sinkt.
werft gift ins korn!

werft gift ins korn!
der brotpreis sinkt.
man kann sich hemd und hose leisten.
in madras werden alle satt
in recife man nahrung hat
zum erstenmal an hungers statt.
der brotpreis sinkt.
werft gift ins korn!

werft gift ins korn!
der brotpreis sinkt.
der brotkorb hängt in mundesnähe.
wer hat dem volk das brot vermehrt
und uns den preisauftrieb gestört?
warum wird er nicht abgewehrt?
der brotpreis sinkt.
werft gift ins korn!

sagt nicht…

sagt nicht, ich sei damals lächelnd gefallen,
sagt nicht, ich starb als ein tapferer held,
und lehrt meinen jüngsten bruder nicht lallen:
„ich habe lust im weiten feld…“
wisset:
ich krepierte
(verzeiht das wort; aber wenn man
im flammenwerferstrahl verschmort,
im zerschossenen u-boot stundenlang
erstickt,
von einem panzer zermalmt wird,
dann ist das kein „sterben“),
ich krepierte ganz prosaisch,
ohne heldenlorbeer, ohne lächeln.
als es mich erwischt hatte
(das tödliche blei trifft
nicht immer die obligate
brust,
oft zerschlitzt das geschoß auch
die bauchdecke und treibt die
eingeweide nach draußen),
da dachte ich einen augenblick,
nur einen augenblick
an lisbeth
(wißt ihr, die kleine blonde
von drüben,
mit der ich oft zusammen zur
penne ging),
und dann, bevor es ganz aus war,
dann sagte ich
(verzeiht, aber ich sagte so),
dann sagte ich einfach: scheiße.

sagt nicht, ich sei lächelnd gefallen,
sagt nicht, ich starb als ein tapferer held,
und lehrt meinen jüngsten bruder nicht lallen:
„ich habe lust im weiten feld…“

der erste sagt

der erste sagt
die anderen sind anders
als wir
der zweite sagt
die anderen sind schlechter
als wir
der dritte sagt
die anderen sind
eigentlich untermenschen
der vierte sagt
die anderen sind
eigentlich tiere
auf die menschliche
gesetze nicht
mehr anwendbar sind
der fünfte sagt
die anderen sind
schädliche tiere
der sechste sagt
schädliche tiere
kann man ausrotten
der siebte sagt
schädliche tiere
muß man ausrotten
der achte sagt
ich lege einen
plan vor zur
ausrottung der
schädlichen
tiere
und der neunte
das ist
der ausrotter,

der scherge:
so werden kommandanten
von konzentrationslagern
gemacht.

aufwertung

schreib unter
eine banalität
chinesische weisheit
und du
bringst selbst
tageslosungen auf
deutschen
einzelhandelskalendern
zum klingen.
halte dein
haus sauber.
chinesische weisheit.

er ist „in“

er ist „in“.
wo „in“?
in unseren kreisen,
in unserer runde,
in unserer clique,
in unserem verein,
in unserem haufen,
in unserer gesellschaft.
lohnt es sich,
hier immer „in“ zu sein?
ist es eine schande,
auch „out“ zu sein,
ein außenstehender,
ein ausgestoßener,
ein outsider?
und wer entscheidet,
ob jemand „in“ oder „out“ ist?
du, ich, wir?
schreib die namen derer auf,
die heute „in“ sind.
dann schreib die namen derer auf,
die heute „out“ sind.
und dann schreib deinen
namen dazu.

du mußt alles mal ausprobiert haben

klingt nicht schlecht:
mal an alles rangehen,
in alles reinriechen,
alles anpacken,
alles mitnehmen:
menschen,
dinge,
situationen.
aber wie ist das mit
der blume?
muß man blütenblätter
und staubgefäße zerfetzen,
um zu wissen, was
eine blume ist?
und wie ist es mit dem
gift?
muß man erst eine ampulle
zyankali zerbissen haben,
um zu wissen, was gift ist?
und wie ist es mit dem
menschen?
kann man ihn anprobieren
wie bluejeans?
kann man ihn ausprobieren wie
ein spielzeug?
kann man ihn kaputtmachen und
dann wegwerfen?
heißt ausprobieren:
probieren! – aus!?

du kommst nicht an

man sagt dir:
du kommst nicht an
mit dem, was du sagst,
was du tust,
was du nicht tust.
man sagt dir:
wenn du ankommen willst,
mußt du dich anpassen,
den leuten nach dem mund reden,
dir die tagesmeinung zu eigen machen!
aber:
am schnellsten kommt der an,
der bergab geht,
der kurzgesteckte ziele hat.
wer weiter will und höher
braucht längeren atem,
braucht mehr unterwegs,
muß immer wieder
aufbrechen,
kann nicht da sein
von heute auf morgen.
also:
wenn man dir vorwirft:
du kommst nicht an,
nimm's nicht als beschimpfung:
geh weiter!

wertzuwachs

als es
feststand
daß die
seuche
nur
menschen in
bungalows
villen
und
grandhotels
ansteckte und
zerfallen
ließ – – –
erhielt
der
penner
walter k. barig
im
asyl der
gutleutstraße
zu
frankfurtmain
ein
angebot:
zwei
whiskyfabriken
und eine
prominentensiedlung
gegen den
schlafplatz
unter
seinem
hintern.

für arbeitslose ist gesorgt

das los, ohne arbeit
zu sein.
die arbeit los sein.
oder
jahrelang für eine arbeit
gelernt, geschuftet,
zeit geopfert, den kopf
hingehalten zu haben
und
wenn es soweit ist:
diese arbeit
dann nicht zu kriegen.
aber abgespeist werden mit schnelltrost:
freisetzung,
weltwirtschaftskrise,
dynamisierte existenz.
gesundschrumpfung.
was sollen diese
worthülsen?
wenn die arbeit vorenthalten
wird,
wird ein grundrecht vorenthalten.
das ist auf dauer
mit geld nicht gutzumachen;
nur mit
arbeit.

black is beautiful

schwarz ist schön.
ihr habt es
lange nicht gewußt
ihr mädchen in
harlem und ihr
männer in new orleans.
und ihr habt euch
geduckt in den abgetakelten
wohnruinen
wenn ihr die
schneeweißchens und
rosenrots
in den werbespots
des fernsehens und
auf den plakaten
vor euren slums
habt lächeln sehen.
was pries die werbung:
the bleaching cream
die bleichkreme
zum hellermachen
weißmachen
weismachen.
du hast deine bleichkreme
in den harlem river
und in die mündungsarme
des mississippi
geworfen
du sister, du brother.
black is beautiful.
yeeeeeaaaaaaah!

ein fahrzeug, das nicht „in“ ist

wenn im fernsehen
schlanke mädchenbeine
und twengesichter
unter sportmützen
und erfolgreiche
unternehmer
für automobile
werben,
bleibt der rollstuhl
ausgespart.
und doch ist er da
und wartet auf mich, dich,
uns.
der weg in den rollstuhl
ist kurz.
vom zerknüllten
lenkrad eines
autos kann man
unmittelbar
in den rollstuhl
gehoben werden.
oder nach dem
kopfsprung in ein
unbekanntes gewässer,
wenn der arzt sagt:
querschnittgelähmt.
grund genug,
an den rollstuhl zu
denken und an die,
die darin sitzen.

alfredo mit dem hitzhintern

als während der
besetzung von
dom bocartes
plantage
der hitzkopf
und hitzhintern
alfredo
die
donna elvira
auf den
diwan schmiß
und die gurt-
schnalle
aufhakte,
machte ihn
plötzlich ein
satz von
miguel
lustlos:
mit der
plantage
nehmen wir
unser eigentum
zurück;
was dom bocarte
gehört,
gehört uns;
aber diese
frau gehört
nicht dom bocarte.

mieses ausland

polnische wirtschaft heißt durcheinander
judenschule bedeutet viel krach
spanische fliegen und ars amanda
französische krankheit bald danach
schwedengardinen für halunken
potemkinsche dörfer ohne dach
hottentotten? verlogen, verstunken
englische krankheit macht kinder schwach.
alles schlechte
kommt aus dem ausland
alles rechte
aus deutschem hausstand;
so wird es sein
so ist es gewesen
so kann unser kind
es im lesebuch
lesen.

auswendig?

auswendig kennen, dich, gedicht?
besser nicht.
auswendig ist außenwand,
ist nur schale, haut und rand,
ist oberfläche, ist nicht grund,
dringt nicht in mich, bleibt im mund.

inwendig? – das wäre gut!
wo in der welt hat man den mut,
mit herz beim lernen aufzuwachsen?
„by heart“ – habt dank, ihr angelsachsen!

trau keinem über dreißig...

warum sollst du keinem trauen,
der über dreißig ist?
dom helder camara ist
über dreißig,
und mother teresa im haus
der sterbenden von kalkutta war
über dreißig.
und wie alt war christus,
als man ihn nach einem
standgericht
exekutierte?
warum soll man anfangen,
die menschheit nach geburtsdaten
einzuteilen?
es gibt auch einen
einteilungsrassismus,
und man kann immer
irgendwo
einteilen nach juden und nichtjuden,
nach schwarzen und weißen,
nach christen und heiden,
nach gottvollen und gottlosen,
nach jungen und alten.
mach dein zutrauen
zu einem menschen nicht davon
abhängig,
ob er zehn, zwanzig, dreißig
oder siebzig ist.
sein personalausweis und die
daten darin sind das letzte, was
dir hilft, ihn kennen
zu lernen.

rückkehr aus dem universum

die stoßtrupps
der menschheit
zum mond haben
nichts anderes auf
die erde
gebracht als
totes gestein und
falben sand.
auch unsere
signalkörper
auf anderen planeten
sagen uns:
kein leben auf
anderen gestirnen,
keine flucht ins
universum möglich.
wir sollten uns
mehr auf unsere
erde
besinnen
und sie
als unsere einzige
besser
behandeln.

dritte welt

wer hat die dritte welt
gemacht?
wer hat uns die erste welt
zugeteilt?
wie kam die zweite welt
dazwischen?
wer hat die erste erste klasse
eingerichtet und sich darin
eingerichtet und den anderen
die zweite und dritte und
letzte überlassen,
übrig gelassen?
wer hat die menschheit in rassen
aufgespalten
und vorgeschrieben, daß eine rasse
hoch steht und die andere darum
tiefer stehen muß?
in der schöpfungsgeschichte
ist mit keinem wort von der
dritten welt
oder klassen
oder rassen
die rede.
aber die rede ist
von einer einzigen welt
für eine einzige menschheit.
allen menschen
gehört diese einzige,
allen menschen gehört
diese erste
welt.

merkmal

hab kein
merkmal!
es wird im
steckbrief
stehen.
paß dich an,
fall nicht auf,
wenn's brenzlich
wird, lauf!
hab kein
merkmal.
gib keinen
laut.
rette deine
haut.
hab kein
merkmal.
du wirst
solange sicher
sein,
wie die anderen
sich auch
anpassen,
nicht auffallen,
laufen,
ihre haut
retten,
still sind.
aber wenn alle
anderen merkmale
haben,
fällst du auf,
wirst du erkannt,
stehst du im steckbrief.

vergebung
muß nicht vergessen sein

was man vergessen kann, hat
wenig gewicht für eine vergebung.
aber was immer spürbar bleibt:
die wunde,
der schmerz,
das unsagbare leid,
dies zu vergeben ist großmut,
ist selbstüberwindung,
genauer: ist liebe.

der gläubiger hat das recht,
dem schuldig gewordenen die schuld zu behalten,
ihn im kerker seiner schuld zu belassen,
die last der schuld des anderen
täglich neu zu machen.
so lange, bis der schuldner
verzweifelt an seiner last.

aber wird der gnadenlose
gläubiger, wird der zur vergebung unfähige
nicht auch schuldig am schuldner?
können zwei menschen auf dauer
ohne vergebung miteinander leben?
können gemeinschaften ohne vergebung sein?
können völker, in deren namen
unmenschlich gehandelt wurde,
ohne vergebung fähig werden,
ihre künftige geschichte
menschlich zu tun und zu schreiben?
können völker, an denen unmenschlich
gehandelt wurde, den gnadenakt der
vergebung auf immer unterlassen?

was man vergessen kann, hat
wenig gewicht für eine vergebung.

es schlafen viele christen…

(nach paul gerhardt 1647)

nun ruhen alle wälder,
vieh, menschen, städt und felder,

es schläft die halbe welt;
es schlafen viele christen,
die doch hellwach sein müßten:
denn diese welt zerfällt.
sonne? – abgedriftet.
flüsse? – tief verschlammt.
wohin die menschen blicken:
im abfall sie ersticken
und machen dann noch krieg
– verdammt!

was kann da gott noch sagen?
wie uns noch ertragen?

zerstören wir mit
unserem stufenweisen
selbstmord,
zerstören wir mit
seiner schöpfung
nicht auch einen
teil von
IHM?

nach der erfahrung der bücherverbrennung

nach der erfahrung
der bücherverbrennung
sind folgende reaktionen denkbar:
erstens: die druckindustrie stellt
unbrennbare bücher her.
oder
zweitens: die leser erwerben diese bücher,
solange sie noch zu haben sind,
und prägen sie sich ein.
oder
drittens: die autoren schreiben
bücher, die man nicht vergessen kann,
oder
viertens: autoren und leser sorgen
durch denken und handeln dafür,
daß bücherverbrenner nie
mehr die „macht ergreifen“
können.

krippenrede
eines karriere-vaters

also, werd nicht so
wie dieser da
in unklaren familien-
verhältnissen
unterwegs geboren
na ja dafür kann
er nichts
ist keine schande
doch auch nichts
rühmliches
aber dann
als er dreissig war
hatte er
keine ausbildung
kein auskommen
keine rücklagen
keine wohnung
kein reittier
oder fahrzeug
und auch für die ehe
war er offenbar
untauglich
was blieb ihm da
übrig als über
land zu ziehen
langhaarig
schmuddelig
barfüßig
eine klicke
von fans bei sich
die ihre familien
und berufe im stich

gelassen hatten
und dann wiegelte
er das volk auf
mit doppeldeutigen
reden und
gefährlichen geschichten
in denen die staatslenker
und die hohen geistlichen
die heerführer
und überhaupt alle
die was hatten
schlecht wegkamen
drei jahre hat
man den edelgammler
aus dem
zufallsgeburtsort
bethlehem so
gewähren lassen bis
er überschnappte
und handgreiflich
wurde gegen die
börsianer und
devisenwechsler
die seit jeher
ihren angestammten
platz im tempel
hatten da war
zapfenstreich
sense
ex
hinterlassen hat er
ein paar handbreiten
verschwitztes leinen
da war er
dreiunddreißig
im gleichen alter

wie dein vater der
damals schon die
prokura in
henschels drahtzieherei
kriegte jetzt weißt
du bescheid und mir
soll keiner nachsagen
daß ich mich nicht
traue die wahrheit
zu sagen
auch
über diesen da.

lieder der jungen gemeinde

die schwerter haben zu lang schon gewütet

die schwerter haben zu lang schon gewütet,
kanonen haben zu lang schon gebrüllt.
menschen wurden geboren, behütet,
und dann in den kriegen wie schlachtvieh gekillt.

höchste zeit, die schwerter umzuschmieden,
höchste zeit, den mordstahl zu verglühn
und in einem waffenfreien frieden
als pflugschar durch den grund zu ziehn.

die schwerter haben zu viel schon gekostet,
die schwerter brachten zu oft schon den tod.
statt eines schwertes, das tötet, dann rostet,
braucht der mensch arbeit und wohnung und brot.

höchste zeit, die schwerter umzuschmieden,
höchste zeit, den mordstahl zu verglühn
und in einem waffenfreien frieden
als pflugschar durch den grund zu ziehn.

in einem boot?

das boot kommt nicht in den hafen
weil wenige rudern und viele schlafen
weil keiner den kurs kennt
und keiner das ziel nennt
bald müssen wir den gelben fetzen
der quarantäne setzen
und liegen für immer vor land
bound to nowhere – – –
ende bekannt.

der proviant bleibt reserviert
die schwimmwesten sind requiriert
für die höheren ränge.
bald müssen wir den gelben fetzen
der quarantäne setzen
und liegen für immer vor land
bound to nowhere – – –
ende bekannt.

die letzte chance für die menschen im boot:
rudert alle und teilt das brot!
kümmert euch um die kranken!
seid alle gleich auf gleichen planken!
dann braucht ihr nicht den gelben fetzen
der quarantäne zu setzen
und geht auf kurs: neues land
bound to heaven – – –
anfang bekannt.

fürchtet euch nicht…!

fürchtet euch nicht!
fürchtet euch nicht so,
daß in euch der mut zerbricht,
wenn sie euch zur hilfe rufen:
die menschen in bedrängnis,
in hungersnot, gefängnis,
die menschen vor den türen,
die nur verachtung spüren,
die mit schuld beladenen,
betrogenen, geschlagenen,
die rechtlosen vor dem gericht:
fürchtet euch nicht!

fürchtet euch nicht!
fürchtet euch nicht so,
daß niemand deutlich widerspricht,
wenn vielerorts gewalt regiert:
mit wuchern und mit rüsten,
mit kriegen und verwüsten,
mit sklaverei und schänden,
mit giften und mit bränden,
mit schergen, folterknechten,
mit bruch von menschenrechten.
steht auf, ruft's ihnen ins gesicht!
fürchtet sie nicht!

herr, stärke unsern glauben

herr, stärke unsern glauben dann,
wenn zweifel uns berennen,
wenn mancher dich nicht rufen kann,
wenn mancher dich nicht finden kann:
herr, gib dich zu erkennen.

herr, stärke unsern glauben jetzt,
wenn uns gewalten hindern.
wer für dich wird verfolgt, gehetzt,
an leib und seele wird verletzt,
gehört zu deinen kindern.

herr, stärke unsern glauben fort,
wenn uns der tod berühret,
wenn wir uns fürchten, auf dein wort,
zu dir zu kommen, an den ort,
zu dem der glaube führet.

baut nicht noch mehr mauern...

baut nicht noch mehr mauern,
grabt nicht neue gräben.
laßt gemeinschaft dauern,
trennt euch nicht vom leben.

hab keine angst vor berührung
des nächsten auf deinem pfad!
christus lehrt die verführung
zur liebe, zum frieden, zur tat!

die nöte der menschen zu wenden
berührt sie der herr ohne scheu.
und unter seinen händen
wird diese erde neu!

baut nicht noch mehr mauern,
grabt nicht neue gräben.
laßt gemeinschaft dauern,
trennt euch nicht vom leben.

bänkelsang für die synode

du liebe frau, du guter mann,
frag mal bei der synode an,
ob unser herre christ
nur für die einen kommen ist:
für die villenbewohner
und belegschafts-entlohner,
für die herrenfahrer
und abendlandwahrer,
für die flotten im worte
und die mit eskorte,
für die uniformschmücker
und die leute am drücker.

du liebe frau, du guter mann,
frag mal bei der synode an,
ob unser herre christ
auch für die andern kommen ist:
für die gehemmten
und ungekämmten,
für die betuppten
und abgeschuppten,
für die mit ’nem stich
und die auf’m strich,
für die im zement
und die ohne hemd.

und liebe frau und guter mann,
erwidert die synode dann,
daß unser herre christ
wohl für alle kommen ist,
dann schau dich um
im präsidium:
ein wertpapiersammler,

aber kein gammler.
ein leitender leiter,
kein gastarbeiter,
einer mit ordenslast,
kein bruder aus'm knast.
viele am ruder,
kein armes luder.

du liebe frau, du guter mann,
frag mal bei der synode an,
ob unser armer herre christ
bei ihr noch heut zugegen ist.

zweitausend jahre

zweitausend jahre – tag und nacht
haben uns christus nicht näher gebracht,
haben uns weiter von ihm entfernt;
wir haben von anderen lehrern gelernt
und haben feinde und kriege gemacht.

zweitausend jahre – wort um wort
gingen wir weiter von christus fort;
er sagte frieden, wir taten rache.
die sache christi? nicht unsere sache,
und bethlehem wurde nicht unser ort.

zweitausend jahre – tat um tat
rückten wir weiter von christus ab;
wollten von unserem vorteil nicht lassen,
lernten uns lieben und andere hassen,
übten an christus verrat.

zweitausend jahre – du hast es gesehen
wollten wir nicht den weg zu dir gehn.
auschwitz, dresden und oradour,
in vietnam unsere blutige spur –
herr, laß uns hier nicht stehn.

pfingsten –
in allen sprachen frieden singen

feuerzungen sehen,
fremde gut verstehen,
vorurteil zerstören,
neue botschaft hören.
in allen sprachen frieden singen.
mit allen völkern frieden tun.
soll frieden für die welt gelingen,
soll frieden diese welt durchdringen,
muß aller haß für immer ruhn.

leere hände füllen,
durst und hunger stillen,
brüderlich umarmen,
sich des leids erbarmen.

in allen sprachen frieden singen.
mit allen völkern frieden tun.
soll frieden für die welt gelingen,
soll frieden diese welt durchdringen,
muß aller haß für immer ruhn.

eines geistes handeln,
diese welt verwandeln.
gottes botschaft künden,
zueinander finden.

in allen sprachen frieden singen.
mit allen völkern frieden tun.
soll frieden für die welt gelingen,
soll frieden diese welt durchdringen,
muß aller haß für immer ruhn.

wir wollen schaffen, gott, ein morgen

wir wollen schaffen, gott, ein morgen,
für alle menschen lebenswert.
wir wollen für den nächsten sorgen,
bis der bedrängte ist geborgen
und bis der hungernde genährt.

wir wollen schaffen, gott, die erde,
nach deinem plan vom haß befreit,
auf daß für alle heimat werde,
wo kein raubtier schreckt die herde,
kein mensch mehr vor verzweiflung schreit.

laß uns beginnen, gott, im heute,
laß uns mit dir den tag bestehn
und wachen, daß der mensch nicht beute,
nicht opfer werde mächt'ger meute:
wir wollen dich im nächsten sehn!

mach aus dem fremden den freund

mach aus dem fremden den freund.
mach aus den fernsten vertraute.
wer heut noch unbekannt erscheint,
ist morgen schon mit uns vereint,
wenn er auf frieden baute.

mach aus verlorenem den fund.
bilde die stütze für viele.
sei du der schweigenden mund.
komm in den offenen bund.
mach aus den ahnungen ziele.

mach den gefangenen frei;
laß ihn zum himmel aufschauen.
steh dem verstoßenen bei.
wie groß unsere bürde auch sei:
wir woll'n auf frieden bauen.

verhindert, daß die welt zuschanden

verhindert, daß die welt zuschanden!
verhindert, daß der mensch verdirbt!
müll, schutt und schmutz droh'n unseren landen.
gewalt gerät aus allen banden
und gottes großer garten stirbt.

verhindert, daß die welt zerrissen
von haß, profit und kriegsgeschrei!
herr, dein gebot ist unser wissen:
wir deine schöpfung schützen müssen;
und alle kreatur wird frei!

verhindert, daß die seen verschlammen,
daß vor der zeit der wald entlaubt!
herr, gib uns mut, das zu verdammen,
was deiner menschheit allzusammen
das brot, die luft zum atmen raubt.

gott befreit zum sehen (kanon)

gott befreit zum sehen,
und zum vorwärtsgehen,
gott befreit zum handeln,
läßt die dinge wandeln.

die gute antwort

es gibt kein land, in dem nur reiche leben,
und keine stadt, die ohne armut ist.
in jeder straße wird es menschen geben,
die man in ihrer not vergißt.

sie brauchen deine hand,
die sich nicht regen können,
und deinen mund,
die ohne sprache sind,
und deine augen,
die das licht nicht kennen,
ob mann, ob frau, ob greise oder kind.

in der gemeinde muß der eine tragen
des anderen last, wenn er zusammenbricht,
in der gemeinde stellt die armut fragen;
verweigert ihr die gute antwort nicht.

unsere zeit in gottes händen

unsere zeit in gottes händen,
Seine zeit in unsrer hand.
keine zeit mehr zu verschwenden,
höchste zeit, die not zu enden,
die von hier zum himmel schreit.

unsere zeit in gottes händen,
Seine zeit er uns verheißt;
mit Ihm diese zeit verwenden,
sie dem leidenden zu spenden,
ist der geist von Seinem geist.

unsere zeit in gottes händen,
Seine zeit ist uns geliehn;
Seine zeit ist zu vollenden,
Seine botschaft auszusenden
– heute, denn die stunden fliehn.

wir machen unsre kirche jung

wir machen unsre kirche jung,
wenn wir den glauben wagen.
wir sind nicht nur erinnerung,
wir sind erwartung, aufbruch, schwung,
sind antworten und fragen.

wir machen unsre kirche weit,
wenn wir die hoffnung leben.
wenn in die ängste unserer zeit,
wenn in des bruders not und leid
wir unsere taten geben.

wir machen unsre kirche frei,
wenn wir auf liebe bauen.
die liebe hört des leidens schrei,
die liebe schafft die erde neu
und läßt der zukunft trauen.

wer nur die fäuste ballt

wer nur die fäuste ballt
hat seine hand nicht offen.
wer nur die fäuste ballt
kann nicht auf frieden hoffen.
wer nur die fäuste ballt
kann andere nur schlagen.
wer nur die fäuste ballt
kann keine liebe wagen.

shake hands
donnez la main
date la mano
gebt euch die hand.

wer nur die fäuste ballt
hält auch sein herz verriegelt.
wer nur die fäuste ballt
hat freundschaft nie besiegelt.
wer nur die fäuste ballt
wird keine nöte wenden.
wer nur die fäuste ballt
wird keinen krieg beenden.

shake hands
donnez la main
date la mano
gebt euch die hand.

doch auch wer aids hat, muß noch bruder heißen...

bald weiß es die ganze stadt,
daß er aids im blute hat.
da kennen viele ihn nicht mehr,
die nebensitze bleiben leer,
der tisch gehört ihm ganz allein,
sogar die kirchenbank ist sein.

bald sagt man laut auch im verein:
„wer aids hat, darf nicht mitglied sein!
wir stehn zusammen, treu und fest;
doch aids, das ist wie eine pest!
da ist nur noch der ausschluß drin,
das kriegt die mehrheit schon noch hin!“

bald wispert es im ganzen haus:
„wann zieht der infizierte aus?
natürlich: gute nachbarschaft!
doch dies geht über unsre kraft:
mit aidsern wohnen, tag um tag?
das bricht doch jeden mietvertrag!“

auch die gemeinde ist erregt:
„was dieser da für umgang pflegt!
jetzt hat er seiner sünde lohn!
jetzt hat er seine strafe schon!
und körperlich und seelisch gar,
ist er nur ansteckungsgefahr!“

doch auch wer aids hat, muß noch bruder heißen,
doch auch wer aids hat, bleibt der eltern kind.
man darf das band zum menschen nicht zerreißen,
auch wenn die ängste mächtig sind!

arme haben keine lobby

arme haben keine lobby,
keinen sprecher, kein mandat,
kennen nicht die macht als hobby,
sitzen nicht im hohen rat.

wo haben die armen ihre fraktion?
wer geht mit ihnen in koalition?
wo sieht man arme in kabinetten?
wer erhöht armen ihre diäten?

wer nimmt die armut von den armen?
sie brauchen recht, nicht nur erbarmen!
sie brauchen taten, nicht nur reden!
sie brauchen jeden von uns, **jeden**!

arme haben keine lobby,
keinen sprecher, kein mandat,
kennen nicht die macht als hobby,
sitzen nicht im hohen rat.

früher mußte es ein wunder sein

früher mußte es ein wunder sein:
dann wurden aussätzige erst rein,
dann wurden hungernde erst satt,
dann erst fand der friede statt.

heute könnten wir mit geist und kraft,
die gottes wille uns verschafft,
den aussatz tilgen aus der welt,
den hunger stillen auf der welt,
den frieden schaffen für die welt.

doch warum ist der aussatz noch?
doch warum nagt der hunger noch?
und warum droht noch immer krieg?

weil unser glaube blutlos,
weil unsere hoffnung mutlos,
weil unsere liebe glutlos.

herr, gib uns größere zuversicht,
halt über uns noch nicht gericht,
herr, wir waren nicht bereit,
herr, gib uns noch einmal zeit!

geht zu den ställen heute nacht

geht zu den ställen heute nacht,
wagt neue, unbekannte schritte,
sucht den, der allen frieden macht,
und der die liebe trägt zur mitte.

geht zu den armen heute nacht,
die nirgends ein zuhause haben,
verlaßt den glanz, kommt aus der pracht
und bringt den hungernden die gaben.

geht zu dem kinde heute nacht,
dem weder bett noch tisch zu eigen.
geht zu dem kinde heute nacht,
es wird euch gottes antlitz zeigen.

geht zu den ställen heute nacht,
wagt neue, unbekannte schritte,
sucht den, der allen frieden macht
und der die liebe trägt zur mitte.

dann darfst du weihnachten begehn…

erst nenne bruder deinen feind
und hilf, wenn jemand draußen weint.
laß keinen bettler hungrig stehn:
dann darfst du weihnachten begehn.

erst wisch den zorn aus deinem sinn,
erst mußt du zu dem kranken hin.
im fremden erst den nächsten sehn:
dann darfst du weihnachten begehn.

erst nimm die obdachlosen an
und lade sie als gäste dann,
wenn draußen eisig winde wehn:
dann darfst du weihnachten begehn.

kinder bitten

schön groß?

warum wollen meine eltern
oft, daß ich das mögen
soll,
was sie selbst mögen?
bitteren rosenkohl essen
zum beispiel oder
sonntags fein angezogen
sein und artig spazierengehen.
und wenn ich jemandem
die hand gebe, wird
mir zugeflüstert:
nicht mit links,
gib das schöne händchen,
das rechte.
dabei ist meine linke
hand auch schön und
flink und ich kann mit
ihr besser schreiben und den
löffel halten.
was ist das überhaupt: schön.
gestern klopfte mir tante
daniela auf die schulter und
sagte: du bist schön groß geworden.
ist großwerden schön?

schnurri

lieber gott,
unsere katze
schnurri quält sich
schon eine woche
lang. sie ist schon
alt.
sie war schon viele
jahre bei uns,
bevor ich auf die
welt kam.
jetzt kann sie nichts
mehr essen und
trinken. ihr
kopf zuckt, und sie
ist ganz mager
geworden unter ihrem
rotbraunen fell.
der tierarzt sagt:
ich kann nichts mehr machen,
als sie mit einer spritze
einschläfern.
lieber gott, lass die schnurri
heute nacht einschlafen,
ohne spritze, wenn ich
schlafe.

neunmalkluges kind?

heute hat unsere
lehrerin zu mir
gesagt: du
neunmalkluges kind.
jetzt weiß ich
nicht, ob sie mich
für neunmal dumm
hält oder wirklich
für neunmalklug.
aber du einmal kluges
kind,
das hätte mir
schon gereicht.

sahne-wettessen

lieber gott,
ich sollte gestern beim
kinderfest bei einem
sahne-wettessen
mitmachen.
aber als ich sah, wie die
erste gruppe die sahne hastig
in sich hineinmampfte
und zwei kinder sich
bald erbrechen mußten,
bin ich nach hause
gegangen.
unterwegs sah ich
ein plakat, auf dem
ein hungerndes mädchen
aus indien abgebildet
war.
lieber gott,
laß die großen sich
etwas anderes für kinder
ausdenken als
wettessen!

den schuh zuschnüren

lieber gott
und liebe mutter,
ich danke euch,
daß ich mir seit
heute meinen schuh
selbst zuschnüren
und eine schleife
machen kann.
wißt ihr,
was ich jetzt
mache?
ich bringe meiner
kleinen schwester
auch das schuh-
zumachen bei.

der kratzige pullover

der neue pulli kratzt, sage ich
vorwurfsvoll.
mutter sagt: ich habe ihn befühlt,
und da kratzte er nicht.
befühlen ist nicht genug,
sage ich, man muß ihn anziehen.
mutter lächelt: ich habe schon
lange nicht mehr deine
pulli-größe; aber es gibt
nicht nur kratzige pullover,
es gibt auch kratzige menschen.
bin ich so ein kratziger
mensch? frage ich.
manchmal, sagt mutter,
ich tausche um.
wen, mich? frage ich.
willst du das?
fragt mutter.
nein, sage ich ganz schnell.

über ritzen hopsen

ich weiß, daß ich eine
schlechte note für meinen
aufsatz kriege, wenn ich
auf dem weg zur schule
auf die ritzen zwischen
den platten auf dem
bürgersteig trete.
für jeden tritt auf
eine ritze gibts
eine schlechtere note.
also: losgehopst!
au, schon der erste
patzer. es werden
fünf!
traurig gehe ich in
die klasse.
unsere lehrerin fragt:
warum bist du so
bedrückt?
ich habe fünfmal auf die
ritzen im bürgersteig
getreten. jetzt kenne
ich meine note ganz bestimmt.
ich auch, sagt die lehrerin.
du hast „sehr gut“.

angst vor dem tiefen wasser

lieber gott, nimm mir
die angst vor dem tiefen wasser.
ich will ja gar nicht
auf dem wasser gehen,
wie jesus es gemacht hat.
ich will nur im wasser
liegen und schwimmen;
aber ich habe angst vor
dem tiefen wasser, und
die angst macht mich
zu einem stein.
und ein stein kann
nicht schwimmen.
ein stein geht unter.
lieber gott, laß mich daran
glauben, daß ich kein stein
bin, sondern ein mensch,
den du auch zum schwimmen
geschaffen hast.

um die erleuchtung des lehrers

mein gott!
unser lehrer
versteht nicht,
mir das rechnen
beizubringen.
ich kann nicht
begreifen, was
er sagt,
wie ich mich
auch anstrenge.
kannst du den
rechenlehrer
erleuchten,
lieber gott,
daß er fähig
wird, mir das
rechnen
beizubringen?

für den arbeitslosen vater

vater ist nun schon
fünf monate ohne arbeit.
wenn er früher nach
hause kam, hat er gelacht
und mich hochgehoben und
herumgewirbelt
und mit mir gespielt.
jetzt ist er den ganzen tag zu hause
und könnte mich öfter
hochheben und herumwirbeln
und mit mir spielen.
aber er sitzt nur
traurig da.
wenn er etwas sagt,
dann schimpft er:
über die menschen,
die ihn ohne arbeit lassen,
über die welt, in der
es ungerecht zugeht.
und am meisten schimpft
er über sich selbst.
lieber gott, laß meinen
vater wieder jeden tag
von seiner arbeit kommen!

wir verlegen kurzerhand…

wir verlegen kurzerhand
stuttgart ins somaliland.
münchen geht nach mauretanien.
hamburg wandert schnell nach spanien.
den kreml ziehts nach panama,
den vatikan nach afrika.
die seejungfrau von kopenhagen
will sich nach sri lanka wagen.
der eiffelturm, sehr oft bedichtet,
wird in peking neu errichtet.
die freiheitsstatue, usa,
schwebt nonstop zur adria.
und big ben, londons uhr,
schlägt ab jetzt in singapur.
schließlich leiten wir den rhein,
in die wüste gobi ein.

ob sich nach dem verschieben
die völker mehr lieben?

für den schulbusfahrer

unser schulbusfahrer fährt
oft so schnell, daß uns hören
und sehen vergeht,
und er bremst so scharf,
daß wir übereinanderpurzeln.
er schimpft uns oft aus.
und manchmal fährt er schon los,
obgleich er sieht, daß da noch
ein kind heranläuft, das
mitfahren muß.

lieber gott, kannst du nicht
dafür sorgen, daß wir einen anderen
schulbusfahrer bekommen?
oder wenn wir den jetzigen
behalten müssen, kannst
du ihn dann nicht so ändern,
daß er
langsamer fährt,
behutsamer bremst,
nicht mehr schimpft
und auf verspätete kinder wartet?
auf jeden fall:
hilf dem busfahrer,
daß er uns immer heil
zur schule bringt und
vor allem:
daß er uns von der schule
immer heil nach hause
bringt!

daß vater und mutter sich mehr vertragen

daß vater und mutter sich mehr vertragen,
und nicht mehr so böse worte sagen,
und nicht mehr im zorn das geschirr zerschlagen,
und daß sie mehr liebe worte sagen…
darum bitt ich, lieber gott.

manchmal möchte ich beten
für etwas,
das zweitausend jahre her ist...

manchmal möchte ich beten für etwas,
das zweitausend jahre her ist.
zum beispiel für die kinder,
die auf befehl des herodes
ermordet wurden, als er den
kleinen jesus fürchtete,
oder für stephanus, der
gesteinigt wurde,
oder für maria,
die mutter von jesus,
daß ihre angst nicht
so groß war, als sie und
josef ihren sohn lange nicht
fanden, weil er im tempel
mit den schriftgelehrten
sprach,
oder für jesus selbst
möchte ich beten.
aber hat das noch einen
sinn, lieber gott, für
etwas zu beten, das so lange
zurückliegt?
aber für dich ist doch
alles wie heute.
darum bete ich auch
zurück.

den wind mag ich...

den wind mag ich, wenn
er lieblich ist und mein
gesicht streichelt.
die wolken schaue ich gern
an, wenn sie langsam
dahinziehen und manchmal
wie mein kopfkissen aussehen
oder wie schäfchen.
aber, lieber gott, warum machst
du manchmal aus dem lieben wind
einen gewaltigen schaurigen
sturm, und warum läßt du
aus den wolken gefährliche blitze
kommen und grollenden donner
dazu, so daß ich meine augen
zukneifen muß und die finger
in die ohren stecken?
lieber gott, mußt du denn
manchmal so übertreiben?

versuchung

im kindergottesdienst
hat der pastor ein
paarmal von bösen versuchungen
gesprochen, die uns manchmal
ganz plötzlich packen können.
ich habe das mit den
versuchungen erst gar nicht
verstanden.
aber auf dem Weg nach hause
sah ich eine schöne große
pfütze und wollte kräftig
hineintreten.
aber dann guckte ich die
sonntagsschuhe an
und ging um die pfütze
herum.
mutter wird böse, wenn
ich meine besten schuhe
naß und patschig mache.
aha: jetzt weiß ich,
was eine böse versuchung ist.

wegrennen

am schnellsten kann ich
rennen, wenn ich mit angst vor
etwas weglaufe:
vor einem pferd, das sich
aufbäumt,
oder vor einem hund, der
zornig bellt,
oder vor einer wespe,
die mich umkreist, wenn
ich ein eis esse,
oder vor einer fensterscheibe,
die klirrt, weil mein wurf
mit dem ball sie
kaputtgemacht hat.
lieber gott, hast du zwei
gänge in die menschen
eingebaut, den langsamen
hinrenngang und den
schnellen wegrenngang?

zahnspange

der schularzt hat meine
zähne betrachtet und
mir einen zettel für
meine eltern mitgegeben.
darauf stand: ihr kind
muß eine zahnspange
haben.
lieber gott, warum läßt
du nicht alle menschen
sofort mit einer zahnspange
auf die welt kommen oder
– besser noch – alle menschen
mit geraden zähnen?

abgucken

unsere lehrerin sagt:
„ihr sollt nicht abgucken,
sonst bleibt ihr dumm!“
dabei machen wir doch in
jeder stunde abgucken bei
der lehrerin, wenn sie etwas an
die tafel schreibt oder uns
etwas auf der landkarte erklärt
oder uns bilder aus unserer
stadt oder aus anderen ländern
zeigt.
vorgestern malte ich in gedanken
ein kleines haus in mein heft,
als die lehrerin einen satz
an die tafel schrieb.
da rief die lehrerin zu mir
herüber: „guck!“
also doch abgucken.

weihnachtswunsch

ich bin kein hirt, kein könig,
und möchte doch zum christkind hin;
ich bin so klein, so wenig,
darf ich so kommen, wie ich bin?

zuerst vom felde die hirten

zuerst vom felde die hirten,
die's christkind besuchen, bewirten,
den weg zur krippe hin wagen,
die liebe zum kinde hin tragen.

doch warum bleiben soviele zu haus?
drängt es sie nicht zu christus hinaus?
spüren sie nicht das wunder der nacht?
sind sie nur auf sich selber bedacht?

denn aus dem orient die weisen,
die zum christkinde reisen
mit königlichen geschenken,
der stern tat treulich sie lenken.

doch warum bleiben soviele zu haus?
drängt es sie nicht zu christus hinaus?
spüren sie nicht das wunder der nacht?
sind sie nur auf sich selber bedacht?

lied der drei weisen vor den haustüren unserer zeit

sternsingerlied

jetzt kommt der stern zu eurem haus,
sein leuchten löscht das dunkel aus.
der stern hat uns hierher geführt,
sein licht hat bethlehem berührt.

für alle kinder gute zeit.
für alle auch gerechtigkeit.
für alle kinder leben,
für alle gottes segen.

ein weilchen stehn wir mit dem stern
vor eurem haus und singen gern
dies lied, das hoffentlich gefällt,
für alle kinder in der welt.

für alle kinder gute zeit.
für alle auch gerechtigkeit.
für alle kinder leben,
für alle gottes segen.

noch viele kinder sind in not,
von hunger, krankheit, krieg bedroht.
helft uns den kindern beizustehn,
bevor wir dankend weitergehn.

für alle kinder gute zeit.
für alle auch gerechtigkeit.
für alle kinder leben,
für alle gottes segen.

herr brockstiepel

herr brockstiepel und die penner

herr brockstiepel
sieht bei
einem spaziergang
abgewrackte menschen
unter der
brücke;
herr brockstiepel
ruft:
ihr penner
und wermutbrüder,
ihr tagediebe
und hungerleider
gehört alle
in fürsorgeheime
und lager
und in den knast.
da kommen wir her,
sagen die menschen
unter der brücke:
aus
fürsorgeheimen
und lagern
und aus dem
knast.

herr brockstiepel und die singsongs

ihr jungen
heuler immer
mit den
ausländischen
singsongs,
sagt herr
brockstiepel
zu seinem enkel.
als ich so alt
war wie du,
habe ich nicht
so was gesungen,
was so laut
ist und
einem den nerv tötet.
was hast du denn
damals gesungen?
fragt der enkel.
na ja, was
verständliches,
sagt herr
brockstiepel,
zum beispiel:
wir werden
weiter marschieren,
wenn alles in
scherben fällt…!

herr brockstiepel und das eigene nest

ich beschmutze nie
das eigene
nest,
sagt herr
brockstiepel und
spricht die
wahrheit.
wenn herr brockstiepel
nach hause kommt,
hat er seinen
täglichen sack
schmutz
schon restlos
auf fremde nester
verteilt.

herr brockstiepel, scharfsinnig

leider gibt es
zu viele leute
und zu wenig
zu essen auf der
welt,
sagt herr
brockstiepel
scharfsinnig und
trinkt dabei den
vierten schnaps
und das fünfte bier.
die getreidemenge,
die für den
regelmäßigen
abendschoppen
herrn brockstiepels
vergoren und verbrannt
wurde,
könnte zwei
mitmenschen
in hungerzonen
am leben
erhalten.

herr brockstiepel siegt

wir
haben gesiegt!
jubelt herr
brockstiepel,
wenn die
bundesrepublikanische
elf
das nationalspiel
gewonnen hat.
aber:
die mannschaft
hat versagt,
knurrt herr
brockstiepel,
wenn das
spiel
verloren ging;
herr brockstiepel
identifiziert sich
nur mit den
siegern
und hält
geziemenden
abstand zu den
verlierern.

herr brockstiepel nimmt zur kenntnis

herr brockstiepel
und die
öffentlichkeit
nehmen entrüstet
die meldung
zur kenntnis,
daß der
rentner
kurt wollschlag
erst zehn
tage nach
seinem tod
in seiner
wohnung gefunden
wurde.
warum nehmen
herr brockstiepel
und die öffentlichkeit
den rentner
kurt wollschlag
erst jetzt
zur kenntnis?
warum nicht
schon
jahre zuvor?

herr brockstiepel und der teppich

ach
junger mann,
bleiben sie
doch gefälligst
auf dem teppich!
sagt herr
brockstiepel
abwehrend zu einem
17jährigen,
der ihm die
notwendigkeit
und möglichkeit
von veränderungen
mieser verhältnisse
auf dieser welt
zu erklären versucht.
ich besitze
gar keinen teppich,
lächelt der junge
mann,
ich stehe
auf der erde.

herrn brockstiepels mittelpunkt der welt

für mich
ist mein
stammtisch
der mittelpunkt
der welt,
sagt herr
brockstiepel.
auf herrn
brockstiepels
mittelpunkt der
welt
steht ein besticktes
plüschfähnchen:
„reserviert!“
herrn brockstiepels
welt –
reserviert für
herrn
brockstiepel.

herr brockstiepel
bleibt bei lehrling

das mit den
auszubildenden ist
alles einbildung,
sagt herr
brockstiepel.
für mich bleibt
ein lehrling ein
lehrling,
und lehrjahre sind
keine herrenjahre,
sondern auch
hundeausführjahre
und bierholjahre
und ausfegejahre
und zähnezusammenbeißjahre
und kräftige ohrfeigenjahre,
nur so wird man
ein mensch
wie
ich.

herr brockstiepel hält sich aus allem heraus

da schreibt man
laufend über
so zweifelhafte
typen,
sagt herr
brockstiepel,
wie asoziale
und aufsässige
und gescheiterte
und leute, die
bis zum hals in
schwierigkeiten
stecken.
aber über mich,
der ich mich
aus allem heraus
halte,
schreibt keiner.
herr brockstiepel
hat recht:
man sollte auch
über menschen
schreiben,
die sich aus
allem
heraus
halten.

herr brockstiepel verabschiedet einen gastarbeiter

du brauchst ja einen
ganzen waggon für die
vielen schönen großen
schweren sachen,
die du aus unserem land
schleppst!
sagt herr brockstiepel
zu einem gastarbeiter,
der zwischen seinen
gepäckstücken
auf dem bahnsteig
wartet.
für die schwersten
sachen brauch ich nicht
mal einen koffer,
sagt der gastarbeiter.
zum beispiel
meine steinstaublunge
und das
kündigungsschreiben
der bergbaudirektion
nach zwanzig jahren
ununterbrochener
arbeit
in eurem land.

herr brockstiepel will orgeln

ihr wollt doch wohl
nicht
mit den gitarren in
die kirche?
fragt herr brockstiepel
junge leute,
die den gottesdienst
mit gestalten
wollen.
für mich ist nur da
richtig kirche,
wo orgeln
sind!
dann sind sie hier
falsch,
herr brockstiepel,
sagt ein junger mann
höflich,
aber ich gebe ihnen
gern die adresse
der orgelfabrik.

herr brockstiepel
und die beine seines sohnes

na warte,
bis du erst beim
militär bist,
sagt herr
brockstiepel zu
seinem sohn.
dort werden sie
dir schon beine
machen.
sie haben mir
beine gemacht,
sagt der sohn,
als er nach dem
krieg auf
krücken
aus dem lazarett
kommt.

herr brockstiepel ist für gerechtigkeit

herr brockstiepel
liest:
strafgefangene
haben einen
anspruch
auf eine
zelle
mit sechzehn
kubikmetern.
asylanten
bewohnen
räume
mit elf
kubikmetern.
herr brockstiepel
sagt:
auch strafgefangene
dürfen
nur elf
kubikmeter
haben:
dann ist
gerechtigkeit.

herr brockstiepel hat schwierigkeiten

herr brockstiepel
hat schwierigkeiten
der unterscheidung:
ein neger sieht
für mich wie der
andere aus:
schwarz und
dicklippig.
ein indianer
rot und
backenknochig
und ein gastarbeiter
schwarzlockig mit
schmachteblick – – –
herr brockstiepel
ist fein
heraus:
seine haut braucht
er nicht zum
markt zu tragen.
das unterscheidet
ihn zum beispiel
von
negern,
indianern
und gastarbeitern.

herr brockstiepel gibt und gibt und gibt

ein faß ohne
boden,
sagt
herr brockstiepel.
wir geben und
geben
und geben,
und die anderen
nehmen und
nehmen
und nehmen.
herr brockstiepel
hat seine große
begabung
fürs nehmen
vergessen:
er suchte
mit eifer
nach dem
krieg
die adresse
des tunichtguts,
den die familie
nach amerika
abgeschoben hatte.
herr brockstiepel
bat um
care-pakete,
bekam sie
und nahm
sie
und nahm
sie.

herr brockstiepel, asien-tourist

ich und der
rikscha-kuli
schreibt herr
brockstiepel
auf die
rückseite eines
13 mal 18
fotos
das ihn
mit seinen
198 pfund
in einem
zweirädrigen
karren zeigt
den ein
asiatisches
kind zieht
dem man
ansieht
daß es
gestern früh
die letzte
handvoll reis
gegessen hat
herr brockstiepel
nennt das
foto
gelungen.

herr brockstiepel, kenner der dritten welt

ich kenne die
leute da unten
genau:
dumm, frech, faul
und gefräßig!
sagt herr
brockstiepel
er war vier monate
als spezialist
in einem
stahlwerk bei
madras
mit
trennungszulage
tropenzulage
aufwandszulage
gefahrenzulage
und hat
einen inder
ganz nahe
gesehen
das
war der inder
der herrn
brockstiepel
die eiswürfel
in den whisky
tun mußte
im club
der nur weiße
zuließ
außer den
dienern.

herr brockstiepel, tüchtig

ich habe nie
einen anderen
nötig gehabt
sagt herr
brockstiepel
als junge leute
ihn und den
verschluß seiner
geldbörse
auf verhungernde
kinder in
bombay und
recife und
bossangoa
hinweisen
herr
brockstiepel
kommt aus dem
josefshospital
wo ihm die
koreanerin
shum tan
die bettpfanne
gebracht und
geholt hat
und er geht
über einen
bürgersteig
der münsterstraße
an dem vier
männer aus
ankara
pflastern.

herr brockstiepel
und das gute gewissen

ich habe
ein gutes
gewissen
wie ein
sanftes
ruhekissen,
reimt und lacht
herr brockstiepel.
herr brockstiepel
hat ein
sanftes
ruhegewissen
wie ein
sofakissen
mit
besucherknick.

herr brockstiepel und der gegenwert

beim bilderbazar
in der
stadtbücherei
betrachtet
herr brockstiepel
eine grafik und
fragt:
was muß ich wohl
für eine solche
kapitalanlage
an gegenwert
hinblättern?
– merkwürdig:
wenn
herrn brockstiepels
definition von
kunst nur
kapitalanlage heißt,
dann ist geld
zur kunst ein
gegen-wert.

herr brockstiepel und der bullemann

also,
wenn du jetzt
nicht
den teller bis
auf den letzten
löffel leer
ißt,
kommt der
bullemann!
sagt herr
brockstiepel
zu seinem enkel.
ein bullemann?
fragt der enkel,
der braucht nicht
zu kommen,
opa,
du bist ja
da!

kumpel-
kanzonen

da musse umschulen

anschlag anne pforte:
pütt macht dicht,
morgen letzte schicht.
hasse da noch worte?
mit rochus bis zum bersten
frachse: watt wird zum ersten?
dann krisse ganz einfach gesacht:
ja da musse umschulen,
ja da musse umspulen
und anders denken, wiesse gedacht hass
und anders machen, allze gemacht hass!

zettel aufm kissen:
„deine olle haut app,
biss immer so schlapp!"
konnze sowat wissen?
ham doch jen ahmt schön ferngesehen.
frachse: wie soll datt gezz weitergehn?
dann krisse ganz einfach gesacht:
ja da musse umschulen,
ja da musse umspulen
und anders denken, wiesse gedacht hass
und anders machen, allze gemacht hass!

deine steinstaublunge –
wennz ma soweit iss
und du rüber biss –
opp datt da oben, junge, junge,
noch weitergeht mitte lesebank?
oder feiersse da immer krank?
dann krisse ganz einfach gesacht:
ja da musse umschulen,
ja da musse umspulen
und anders denken, wiesse gedacht hass
und anders machen, allze gemacht hass!

ruhr-limericks

ein zechenschließer aus essen
hat seinen schlüssel vergessen;
jetzt kann er nicht schließen.
die kumpels genießen
den aufschub und grinsen gemessen.

ein knappschaftsdoktor aus herne
kuriert seine bergleute gerne
mit einem „glück auf!",
einem räuspern darauf
und einem blick aus der ferne.

ein brauereipferd aus hagen
konnte kein bier mehr vertragen.
es war nicht dumm,
schulte rasch um
und zieht jetzt steinhäger-wagen.

ein schönes fräulein aus wanne
wollt einen bergmann zum manne.
es fuhr zur nacht
einmal mit in den schacht
und steht jetzt an wiege und pfanne.

ein futurologe aus menden
wollte die ruhrkrise wenden.
er ging ins revier,
versteinerte hier;
sein denkmal bedarf keiner spenden.

zwischenstation tresen

vonne maloche direkt nach haus?
ja so siehsse aus!
mitten steiger datt miese dingen
willze datt deine olle bringen
so placks vor ihrn latz?
neeeeee!
wenn ich am tresen schluck
und mir die welt bekuck
dann seh ich se so wie se iss:
mal picobello und meistens beschiß.

hasse ersma ein bierchen gekippt
und am flipper geflippt
dann vergißte den ganzen stunk
komms wieder'n bißken in schwung
für nachher aufen sofa!
jaaaaaa!
wenn ich am tresen schluck
und mir die welt bekuck
dann seh ich se so wie se iss:
mal picobello und meistens beschiß.

ja datt lohnt sich schon
die kleine zwischenstation!
datt iss wie 'ne kläranlage
für den scheißdreck unter tage
und die wut im bauch
hoooooooo!
wenn ich am tresen schluck
und mir die welt bekuck
dann seh ich se so wie se iss:
mal picobello und meistens beschiß.

leos leibliche hülle

wenn leo
statt in'n taumvaein in
son klupp
für beerdigung mit
feuer oder so
gewesen wär
hätten die
gakeine maloche
gehappt wo leo
doch bei
fuffzehnhundert
grad in den hochofen
kurz vorn abstich –
aba leo wird gezz
von sein richtigen
pastor – und
der sagt nu aufm
knochenkamp
immer watt von
leos leibliche hülle
und die wär nich
so wichtig
die leibliche
hülle von leo
– – – aber watt iss
wenn die pelle
auch die wurst
iss und der pott
auch die erbsensuppe
mit schriewen
und datt fell auch
die katz
die datt eingehen

vonne mäuse so
im spiel
lange macht
also watt iss
wenn leos hülle
ganz leo iss
und nicks als
leo?

protestsong
eines jungen arbeitslosen

„du suchst arbeit? ham wir nicht!
vielleicht in ein paar jahren!"
türen zu. schalter dicht.
kannst nach hause fahren.

die arbeit ist des menschen recht,
und dieses recht ist einzuklagen,
es ist von gott ihm zugedacht.
gott selbst hat von sieben tagen
sechs mit dem bau der welt verbracht!

zu hause lungerst du herum.
man sagt dir: hab geduld!
wer ohne arbeit ist, ist dumm
und meistens selber schuld!

man sagt zum trost: du bist noch jung.
na und? das macht's noch schlimmer!
ich fühl mich nutzlos, ohne schwung
und seh statt zukunft – trümmer!

die arbeit ist des menschen recht,
und dieses recht ist einzuklagen,
es ist von gott ihm zugedacht.
gott selbst hat von sieben tagen
sechs mit dem bau der welt verbracht!

ausrufung der republik ruhrgebiet

warum hat man
uns immer von
außen regiert?
und auf kosten
unserer knochen
anderswo einen
lauen lenz
verbracht?
jetzt ist der
ofen aus und
wir machen eine
ruhrrepublik.
wir haben ja schon
einen ruhrbischof
und als währung
nehmen wir die
emschermark
und als sprache
unser ruhrdeutsch
und als wappen eine
begrünte halde vor
jenem blauen himmel
der den kumpels
von vielen
durchreisenden
wahlkämpfern
fest versprochen
wurde.

jubiläum

als ich fünfundzwanzig jahre
im selben betrieb malocht
hatte,
kriegte ich ein ständchen
vom werkschor,
der direktor drückte mir
eine urkunde in die hand
und einen prämienscheck.
als das werk pleite machte
und ich zum arbeitsamt
mußte, sagte die angestellte:
„sie sind unser fünfmillionster
arbeitsloser.
da haben wir viel arbeit mit.“
das war alles.

menschen,
landschaften,
bauwerke

In baton rouge mit m. l. k.

als wir den umzug
für die öffnung
der weißen schule
auch für farbige
begannen,
waren wir
knapp zweihundert.
„jetzt sind
wir schon
mindestens
fünftausend“
lachte m. l. k.
an der spitze.
„so viele, die
gegen uns sind,
sind unseretwegen
gekommen. unsere
sache kriegt
gewicht.“

guadalupe, mexiko

auf dem vorplatz
der kathedrale
erfüllen wallfahrer
ihre gelübde.
sie rutschen auf
den knien vom
portal der umfriedung
durch die kirchentür
bis zum bild
der madonna
von guadalupe.
einige der
rutschenden sind reich.
sie haben dienstmägde
dabei,
die ihnen ständig
armlange teppiche
unter die kniescheiben
legen.
wie viele gelübde
werden hart gelobt
und weich eingelöst.
auch bei uns
hat mancher geschworen,
eine pilgerreise
mit erbsen in den
schuhen zu machen;
und als es ernst wurde,
hat er die erbsen
gekocht.

haus der sterbenden, kalkutta

es gibt eine
tiefe des elends,
in der man
die gesetze
eines staates
nicht mehr
halten kann,
gleich, wie dieser
staat auch beschaffen
ist.
und es gibt eine
tiefe des elends,
in der man die
zehn gebote nicht
mehr halten kann,
wenn man kein
heiliger ist.
viele bekommen
auf dieser erde
von der stunde ihrer
geburt ein
martyrium auferlegt,
nach dem sie
nicht verlangt haben.

téfé, amazonas

der caboclo
stellt mir
mit der
ruhigen würde,
die den menschen
hier eigen ist,
seinen dreijährigen
sohn vor.
wie heißt er?
frage ich.
fidel castro johannes
paul leonid roland
jesus,
sagt der caboclo
stolz.
bei dieser
stattlichen
patenreihe
dürfte im leben
des kleinen
brasilianers
eigentlich wenig
schiefgehen.

aussätziger vor chetpet

die weißgefleckte
hand des stummen
aussätzigen jungen
war schon
zur klaue
erstarrt.
die ärztin
mit der
praxis
unter dem baum
vor chetpet
steckte die
fast verdorrte hand
täglich in
einen heißen brei
aus paraffin.
sie knetete
die hand
und ermunterte
den stummen jungen,
die finger zu bewegen.
erst lächelte der
aussätzigenjunge
zweifelnd.
als er zum
erstenmal wieder
einen griffel
halten konnte,
schrieb er
auf ein
schieferstück:
danke.

clemenswerth

stehen
in der mitte
des runden
salons.
sehen
wie die
acht alleen
in die
spitzen des
marmornen
sterns laufen.
gehen
aus dem schloß
in richtung
des marstalls.
neben dem
portal der
pferde ein
lesender junge,
das gesicht
verdeckt vom
buch.
später in
sögel
im tabakladen
der einfall:
so war hier
levin schücking.

unsere liebe frau
von wietmarschen

ihr kind ist
schon könig.
es trägt schwer
an der krone.
die ihm zu groß
ist.
es trägt schwer
am prunkkleid.
es trägt schwer
an der kugel der
welt.
wann wird ihm die
krone genommen?
wann ihm das
kleid geraubt?
wann entrollt
ihm der
weltball?
das lächeln der
mutter weiß
von kommenden
qualen.

schießplatz bei meppen

die landschaft
war da
ohne schießplatz.
die landschaft
wird wieder
sein
ohne schießplatz.
aber ob es noch
menschen
gibt in der
landschaft,
wenn man auf
dem platz
in der landschaft
es zu gut übte,
das schießen?

eine bunte bücher-truhe

(in memoriam fritz hüser,
der mir im winter 1971/73
einen arbeitsraum in der
stadt- und landesbibliothek
dortmund überließ)

die märkte rundum
und die untergrund-
stollen der autos
und als wachsamer nachbar
grüßt reinoldi.
eine bunte bücher-truhe
mit harlekin-fassade,
der eingang eine schleuse
für bilder.
und dann die stockwerke
mit ernsten folianten
und den dreisteren texten
der noch-lebenden für
die noch-lebenden und
die nach-lebenden.
und bücher-bewahrer
und bücher-leiher.
hier lese und schreibe
ich gern.
hier kommt die mark,
die man vor dem händedruck
mit dem buch
in den spind mit
mantel und einkaufstüte
wirft,
allemal wieder ’raus.

two o six east john street

two o six east john street,
urbana, illinois.
fünfzehn dollar im monat
das zimmer
mit room-mate
eugen sloniker;
ich bin vierundzwanzig
und auf der east john
fahre ich meinen
100-dollar-studebaker
zwischen yankees,
auf die ich
im mai 45
noch schießen mußte.
ich weiß:
ich werde nie mehr
auf menschen schießen
in der east john
oder irgend einer
anderen street
strada
rue
via
avenida
calle
uliza
oder straße
dieser welt.

mailänder dom

in die weiße
arche von
milano.
sie hat den
weg aus den
marmorbrüchen von
carrara bis
hierher zu den
fabriken der lombardei
geschafft.
jetzt rudeln sich
2300 figuren
zwischen den fialen
und erklettern
den campanile.
die gesichter der
statuen sehen
gleichgültig
aus.
„ritornero piu tardi",
sage ich beim
hinausgehen
unaufgefordert zum
küster.
aber ich bin
nicht sicher,
ob ich wiederkomme.

nördlich von hammerfest

die beiden piloten
der twin-otter
winken mich –
den einzigen passagier
dieses späten flugs –
nach vorn in das
cockpit.
unter uns das
nordkap.
die wuchtigen schwarzen
fels- und granitquader
sehen aus, als
seien sie soeben erst
ins kalt kochende
meer geschleudert
worden.
bei der erschaffung
der welt kann nicht
nur lust bestimmend
gewesen sein.
das archaische
da unten
ist ein beweis
auch für
schöpferischen zorn.

ungenaue beschreibung eines einzugs in jerusalem

ein mittag.
rapide stadien.
und siebenmal
sieben leben zurück
die synagoge der
chassidim.
greiser schammes,
gebeugt vom
eifer,
buntgescheckte
verhüllung zu
werfen über
die wißbegier
kupferner schultern.
und die geduld der
thora von
safad.

jetzt aber zitternde
waldflanken
auf der straße
nach jerusalem.
saftgrüne zeichen.
ersticktes wort.
zertrümmertes lachen.
verdorrte gebärde.
stamm: epitaph:
nicht-mehr-hier.
sechsmillionenmal.
weiterwuchernd?
einzuebnen?
wann? durch wen?
welche hand blieb
rein?
fragen – – –
und kein hosianna.

moskau,
postamt leningrader platz,
9. Juli 1985

auf dem postamt am
leningrader platz schreibt
man seinen telegrammtext
noch mit einem hölzernen
halter und einer breiten
stahlfeder, die man in
rotbraune tinte taucht.
ich merke, wie ich lang-
samer, sorgsamer
schreibe.
es ist mir, als ob
der gefürchtete
schönschreiblehrer
meiner kindheit mir
wieder über die schulter
schaut.
in seiner hand wippt der
rohrstock, bereit,
meine verkrampften finger
zu treffen.

ruhr entlang

ruhr entlang.
acht tage hab
ich gebraucht.
zu fuß vom ruhrkopf
im sauerland
bis ruhrort am rhein.
manchmal hab ich
die hand in
die talsperren
getaucht,
in die wasserspeicher
des reviers,
dem die ruhr ihren namen
gegeben hat:
ruhrgebiet.
gelobt und geschunden,
dieses land an der
ruhr, gesucht und
heimgesucht.
oft beschrieben
und manchmal
abgeschrieben.
an den ufern der
ruhr zerfallen
die zechen
und gehen die
hochöfen aus.
aber die ruhr
fließt weiter
und an ihren ufern
leben die
über-lebenden.

noch schreiben?

aus dem fremden
perforierten himmel
fädelt sich
müdes wasser.
schreib so nicht!
schreib:
es regnet.
das bekommt
der sprache.
oder schreib:
es regnet
und der da
hat kein
dach.
das bekommt
dem,
der kein
dach hat.
oder:
schreib nichts
mehr.
bau ein dach!